© 2018, Karine Poyet

Edition : Books on Demand,
12/14 rond-Point des Champs-Elysées, 75008 Paris
Impression : BoD - Books on Demand, Norderstedt, Allemagne
ISBN : 9782322166046
Dépôt légal : Novembre 2018

POYET KARINE

La symbolique des rêves en songe tome 6

Remercîment 25
Rêver de vacances 29
Rêver de vacarme 32
Rêver de vaccination 33
Rêver de vagabond 36
Rêver de vampire 38
Rêver de vélo 41
Rêver de ver de terre 43
Rêver de verger 44
Rêver de verrue 46
Rêver de vieillard 48

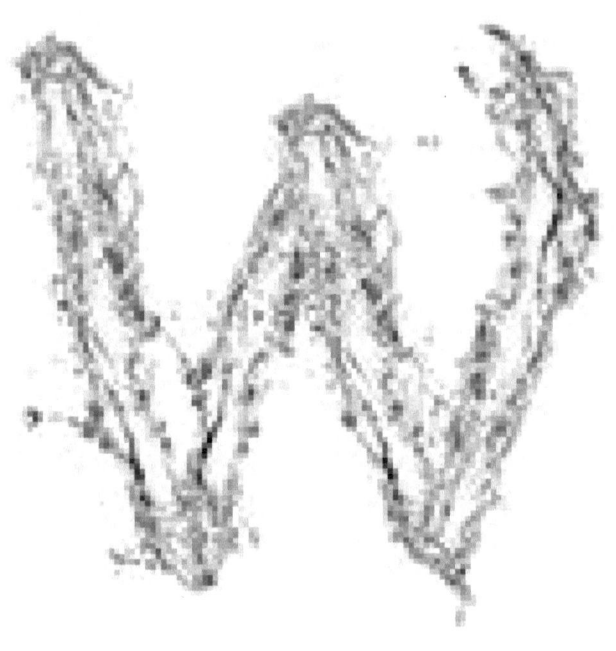

....	51
Rêver de wagon..	53
Rêver de western...	55
Rêver de whisky...	56

....59

Rêver de xénophobie..61

Voir des personnes xénophobes en rêve signifie : que vous vivrez des moments difficiles pour cause de procès. 61

Rêver de xénophobie représente : des conflits familiaux en rapport avec ce qui vient de "l'étranger". 61

Rêver de xénophobie symbolise : souvent des discussions inutiles et improductives. 61

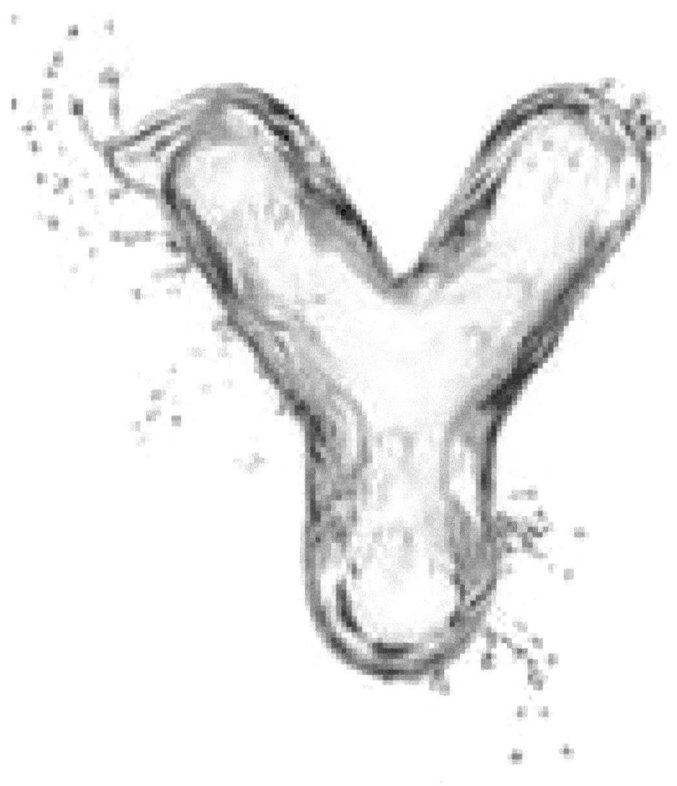

.... 63

Rêver de yaourt 65

Rêver de faire du yaourt signifie : que vos proches reconnaitront vos talents. 65

Rêver de yaourt et en manger prédit : une période de douceurs et de plaisirs. 65

Rêver de manger du yaourt annonce : que vos problèmes actuels vont s'adoucir. 65

Rêver de yeux 66

Considérons la signification de la couleur des yeux : 66

Les yeux bleus nous annoncent l'amour heureux. 66

Rêver de yeux gris, des infidélités ou de la trahison. 66

Noirs, l'amour-passion ou passion violente. 66

Rêver d'avoir les yeux verts, la félonie, ou vaines espérances, désillusion. 66

Rêver de yeux rouges symbolise la passion c'est de bon augure, le rêve d'yeux rouges peut aussi représenter un excès de sentiment. 66

Perdre les deux yeux en songe, présage la fortune. 66

Rêver d'yeux bigles : fourberie, mensonge. 67

Rêver d'yeux borgnes : vous êtes menacé de perdre un parent. 67

Rêver de devenir aveugle prédit : que vous allez engloutir énormément d'argent dans une affaire qui n'aboutira pas. 67

Rêver d'yeux clos : froideur amoureuse. 67

Si vous êtes une femme et que vous rêvez d'un homme qui louche cela indique : que vous vous enrichirez aux dépens d'autrui. 67

Si vous êtes un homme et que vous rêvez d'une femme qui louche cela représente : votre versatilité. 67

Rêver du mauvais œil : heureuses opportunités. 68

Rêver que vous avez un œil de verre signale : que secrètement vous pensez que certaines personnes peuvent lire dans votre âme en regardant à travers cet œil de verre. 68

Vous avez peut-être aussi tendance à vous confier trop facilement ce qui vous fragilise. 68

Rêver de voir flou ou mal symbolise : votre incertitude, vos erreurs d'appréciations, face au choix que vous devez faire. 68

Les yeux en rêve sont le symbole de la lumière et du regard intérieur, ils peuvent aussi représenter la connexion entre le dehors et le subconscient. Donc rêver de ses yeux amène à penser que le rêveur laisse passer un événement ou une interrogation pour mieux analyser et comprendre. 68

Le rêveur peut avoir le sentiment que ses yeux regardent son intérieur ce qui montre qu'il se remet en question avec une grande perspicacité et qu'il trouvera les réponses qu'il cherche. 69

Si vous rêvez que les yeux d'une personne que vous connaissez vous sondent cela indique : qu'une affinité affective existe entre vous et cette même personne. 69

Rêver que vos yeux sont crevés ou fermés indique : votre négation de voir la vérité en face. Rêver que l'on ne peut ouvrir les yeux est similaire, mais correspondant néanmoins au refus de voir ou d'admettre l'existence d'une situation ou d'un événement, mais cela peut aussi représenter des sentiments douloureux. 69

Rêver que vous avez des yeux de couleurs différentes, annonce : que vous êtes à la recherche d'une nouvelle approche concernant une question qui vous tient à cœur, vous avez peut-être une vision des choses trop banale. 70

Rêver que vos yeux saignent représente : vos efforts, votre don de soi, ce rêve symbolise aussi vos douleurs et vos dissensions internes, ce rêve conseille d'extérioriser vos inquiétudes et angoisses. 70

Rêver de yoga 71

Rêver de faire du yoga signifie : la paix dans le ménage. 71

Voir un inconnu faire du yoga annonce : un changement dans vos habitudes. 71

Voir de nombreuses personnes faire du yoga en songe indique : que vos démarches aboutiront. 71

Rêver de yoga représente votre : recherche d'équilibre avec une autre personne. 71

Vous essayez peut-être de rencontrer la paix intérieure ou de trouver l'harmonie autour de vous. 72

Ce rêve peut révéler que vous vivez une période de stress ou de surcharge de travail. 72

.... 72

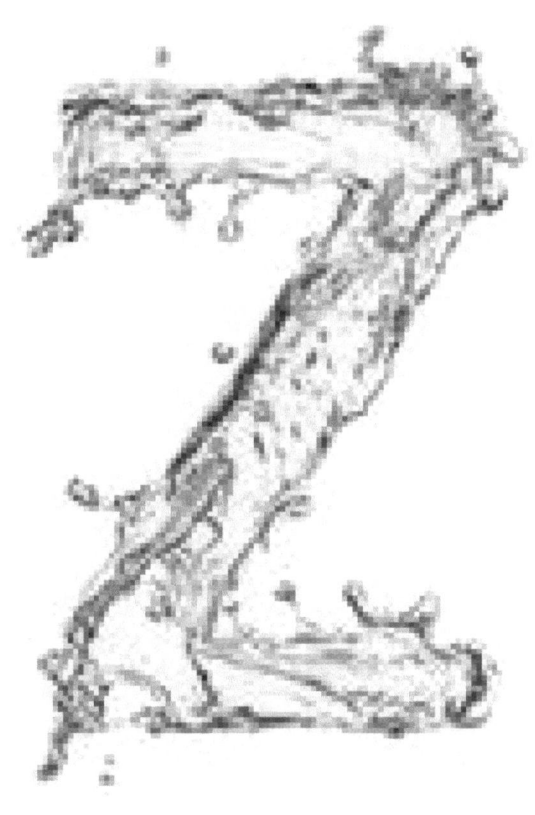

....	73
Rêver de zèbre..	75
Rêver de zéro...	77
Rêver de zeste...	79
Rêver de zeste de fruits présage : un sentiment de tristesse, vous aurez une rancœur au sujet d'une malveillance d'autrui.	79
Rêver de zeste (de citron) annonce : une déception, su découragement face à une situation qui n'avance pas à votre goût.	79

Rêver de zinc 80

Utiliser du zinc indique : que vous recevrez l'appui d'une personne haut placée. 80

Voir du zinc brillant est un bon présage. 80

Voir du zinc de couleur mat ou noircie, signifie : des difficultés financières. 80

Rêver de zinc (comptoir) annonce : des querelles graves. 80

Voir une toiture en zinc signifie : que l'on vous trompera. 80

Rêver d'acheter du zinc annonce : une élévation de fortune. 81

Voir du zinc en lingot : succès financiers. 81

Voir du zinc en feuilles : placement sans rapport. 81

.... 82

Rêver de zodiaque 83

La signification d'un rêve où apparait un signe du zodiaque dépend du signe. 83

Rêver de zodiaque est un très bon présage pour tout le monde et particulièrement pour gagner au loto. .. 83

Dans certains cas, la vue du zodiaque en rêve est funeste, il annonce la maladie. 83

Rêve qui peut annoncer de la fatigue d'esprit. 83

   Le zodiaque c'est quoi ? 84

L'astrologie est un ensemble de traditions et de croyances, les planètes dans le système solaire ou des constellations, visibles dans le ciel dans certaines directions, à certaines dates ou à certaines heures, apporte des informations permettant d'analyser ou de prédire des événements humains, collectifs ou individuels. 84

L'usage populaire du terme astrologie renvoie généralement à L'horoscope, auxquelles cet article est consacré. 84

Ses versions populaires sont les horoscopes des revues ou les affinités des signes du zodiaque. 84

Si elles sont généralement considérées comme des échos lointains et déformés de l'astrologie historique, elles en restent la manifestation et l'expression la plus répandue. 84

L'horoscope, ou thème astral, est la base de toute astrologie. 85

Il décrit la configuration du ciel au moment de la naissance d'un individu. 85

Cette configuration est déterminée par les positions mutuelles de deux sortes d'astres : 85

D'abord les astres dits fixes, c'est-à-dire les étoiles, ensuite les astres dont le mouvement est facilement observable sur la voûte céleste, comme le Soleil, la Lune ou encore les planètes. 85

Le Zodiaque est cette part de la voûte céleste sur laquelle on peut voir se déplacer le Soleil et les planètes, à l'exception de Pluton. 85

C'est une bande s'étendant à 8°30' de part et d'autre du plan de l'écliptique, c'est-à-dire du plan de la trajectoire apparente décrite par le Soleil au cours d'une année voire schéma ci-contre. 85

Cette bande zodiacale est divisée en douze zones, chaque zone étant identifiée par une constellation et subdivisée elle-même en trois « décans ». 85

Au moment de la naissance d'un individu, le Soleil, en se levant dans l'une des douze zones, définit le signe zodiacal de l'individu. 86

« L'ascendant » dépend de l'heure exacte de la naissance : 86

C'est le signe zodiacal contenant le point ascendant de l'écliptique, c'est-à-dire celui qui se lève à l'instant de la naissance. 86

En plus de la position du Soleil, un horoscope doit comporter la position de la Lune et des huit planètes par rapport au Zodiaque. 86

Les positions par rapport aux « maisons » interviennent également. 86

Les maisons découpent la sphère céleste en douze fuseaux de dimension angulaire inégale, selon des grands cercles passant par le pôle Nord. 86

Ce système de repères pose cependant un problème : 87

Pour les gens nés au nord du cercle polaire, les planètes restent sous l'horizon plusieurs mois. 87

Les gens nés pendant cette période se retrouvent donc sans thème astral ! 87

L'horoscope, en lui-même, est de nature purement descriptive. 87

Il faut alors le distinguer clairement du commentaire et de l'interprétation qui l'accompagnent systématiquement en astrologie. 87

Cette interprétation relève d'une part de la typologie psychologique lorsque les positions du Soleil et des planètes données par l'horoscope sont considérées comme déterminantes pour la personnalité d'un individu. 87

Elle relève, d'autre part, de la prédiction : 87

Le cours des astres est alors tenu pour déterminant dans la destinée d'un individu. 88

Tirée du livre « Les secrets de l'alchimie Initiation à l'ésotérisme à travers le tarot de Marseille et la numérologie. 88

Par Karine Poyet ». 88

Rêver de zombie 89

Voir une personne que vous connaissez prendre l'image d'un zombie annonce : que vos sentiments pour elle sont "morts", votre affection a disparue. 89

Rêver de zombie représente souvent : vos peurs et vos émotions cachées. 89

Rêver de zombie peut avoir une signification similaire : au rêve de fantôme ou autres monstres, mais une différence existe. 89

Le zombie, dans un rêve, peut révéler : que vous vivez une période d'indifférence et d'insensibilité vis à vis des personnes et des événements qui vous entourent. 89

Peut-être avez-vous la sensation d'être déconnecté du monde. 90

Rêver de zombie peut également indiquer : que pour vous "tout est mort", et qu'éventuellement votre façon de vivre est devenue un automatisme. 90

Rêver d'être poursuivi par des zombies signifie : parfois que vous subissez des contraintes opposées à votre morale ou à votre caractère à laquelle vous ne pouvez échapper. 90

> **Pour finir** 93
>
> **Interprétations des rêves en songes volume 1 : NOIR ET BLAN** 94
>
> **LIRE LE MARC DE CAFÈ LA CAFÈDOMANCIE** 95
>
> **Europa sont propriétaire Lampert Alexandre** 95
>
> **Pluton sont propriétaire (Pluto)** 95

Vous aimeriez comprendre vos Rêves et interpréter les signes et symboles de vos nuits ?

Vous vous réveillez le matin et vous avez encore ses brides de rêve qui vous reste dans la tête cette image persistante.

Il faut savoir que de nombreux psychanalystes ont révélé le caractère symbolique des différentes apparitions dans les rêves.

Avec cet ouvrage fini le pressentiment qu'il y a quelque chose que vous oubliez, ayez un temps d'avance sur votre destinée.

L'interprétation des Rêves permettra de comprendre votre destinée et les symboles mystiques qui nous sont donnés par nos anges de lumière.

Le rêve dans l'Antiquité on parlait de rêve, comme je l'écrive dans mon précédant ouvrage.

C'est après un long travail journalistique et littéraire, que je me suis aperçu qu'il fallait reprendre les définitions des Rêves, à leurs origines.

Après un premier travail j'ai pu remettre ceci au goût du jour.

J'ai tout de suite dû me rendre à l'évidence que je ne pourrais publier cet ouvrage en un seul exemplaire.

Car il aurait compté plus de 1200 pages !

Donc en définitif j'ai préféré l'éditer sous la forme de Tome.

Remercîment

Vous n'échouerez sans doute jamais autant que moi !

Certains échecs dans la vie sont inévitables c'est impossible de vivre sans échouer à un moment donné.

A moins que vous viviez en étant si attentif que vous en oubliez carrément de vivre ?

Et dans ce cas vous avez échoué d'avance !

Mrs J.K Rowling

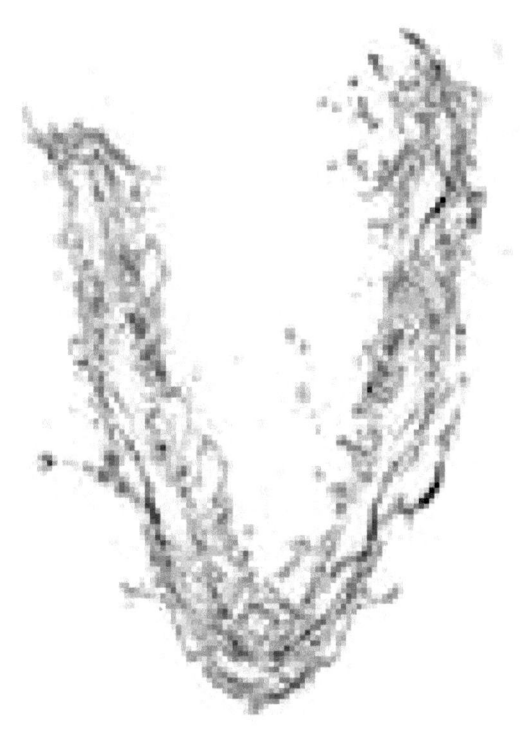

Rêver de vacances

Voir des inconnus partir en vacances, signifie que vos projets n'aboutiront pas.

Rêver de revenir de vacances annonce : un changement de situation.

Etre en vacances : nos obligations matérielles nous obligeront à renoncer à de fort agréables distractions.

Rêver de vacances peut indiquer qu'un menteur qui dirige vos actions : vous ruinera.

Rêver de vacances est en premier lieu un révélateur qui signale qu'il est temps de faire une pause ou de prendre du repos.

Par ce rêve, vous signifiez votre envie de vous dérober à vos obligations.

Rêver de vacances peut aussi indiquer des soucis sur le plan familial ou professionnel.

Le rêve de vacances est fréquemment provoqué par le fait que le rêveur subit une forte pression psychologique, surtout au niveau du travail.

Certains spécialistes oniriques pensent que le rêve de vacances doit être considéré comme un avertissement : "lever le pied".

Quelquefois ce rêve de indique que votre inaction vous fera manquer une bonne occasion.

Rêver de vacances annonce : la visite d'un ami ou d'une amie.

Rêver de partir en vacances, indique : la délivrance d'un gros souci et d'un repos de l'esprit.

Rêver de vacances annonce : votre refus des contraintes.

Préparer vos vacances en songe, signifie : que votre manque d'enthousiasme sera la cause de vos échecs.

Rêver de vacances et ajourner vos vacances est le signe : que vous allez vivre une période de pessimisme.

Si vous partez en vacances avec des connaissances, cela signifie : que vous aurez l'aide d'un ami ou d'une amie dans un de vos projets.

Rêver de partir en vacances avec l'être aimé signifie : que vous profiterez d'un repos bien mérité.

Si on vous offre des vacances en songe cela peut signifier : que vos finances seront au beau fixe.

Rêver de vacarme

Rêver de vacarme annonce : aussi une séparation amoureuse.

Dans certains rêves, faire du vacarme révèle vos peurs inconscientes, vous faites du vacarme pour éloigner les choses qui vous font peur.

Rêver de vacarme annonce : en général que vous recevrez une bonne nouvelle.

Rêver de faire du vacarme prédit : des ennuis fâcheux.

Rêver de vaccination

Rêver de vaccination douloureuse : indique une maladie proche.

Si elle est sans douleur, signifie excellente santé.

Rêver de vaccination annonce : aussi que vous échapperez à un danger au moment où vous y penserez le moins.

Rêver de vaccination révèle : que vous devrez combattre vos faiblesses et cela vous fera vivre des souffrances, mais, elles sont nécessaires pour la suite de votre vie.

Rêver de vaccination montre : aussi que vous devez mieux vous soigner.

Voir des personnes en cour de vaccination, signifie : que vous vivez sous l'influence des autres au lieu de marcher sur votre propre chemin.

Rêver de vaccination peut prédire : que vous serez offensé par une personne que vous connaissez.

Ce rêve prédit dans certains cas une guérison pénible mais réelle.

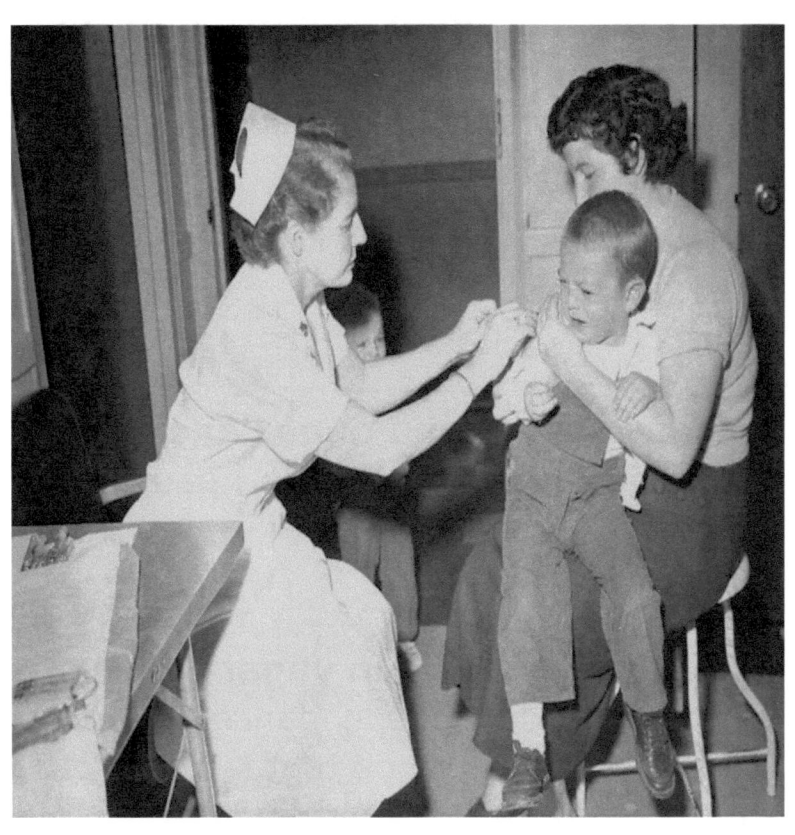

Rêver de vagabond

Rêver de vagabond et l'être dans la vraie vie annonce : une circonstance dans laquelle vous ne saurez pas quel parti prendre.

Ce rêve vous indique qu'il faut exercer la charité.

Rêver de vagabond dans l'ancienne tradition onirique signifie : pauvreté et misère.

Rêver que l'on est un vagabond : votre amour de l'indépendance et votre impatience à l'égard de toute subordination vous détermineront à commettre des actes qui pèseront lourdement sur toute votre existence.

Rêver de vagabond révèle : que vous vous posez des questions sur votre futur social.

Mais ce rêve de vagabond peut aussi refléter votre état actuel qui n'est pas très enviable sur le plan des finances.

Rêver de vagabond montre : également votre côté généreux et peut être l'indice que votre entourage amical est très bon.

Dans certains cas, le rêve de vagabond peut aussi montrer : une facette de votre caractère, par exemple que vous préférez profiter de la vie sans trop travailler.

Rêver de vampire

Rêver de vampire annonce : une liaison indigne qui vous compromettra.

Chute possible sous la coupe d'un profiteur.

Rêver d'être mordu par un vampire signifie : que vous avez de faux amis, faites le tri.

Voir un vampire dans un cercueil prédit : des pertes considérables sur le plan financier.

Rêver que vous tuez un vampire indique : que vous trouverez les forces et une certaine sagesse pour démasquer un complot de vos adversaires.

Si vous êtes un homme, ce rêve prédit que vous contracterez une liaison avec quelqu'un de dangereux.

Rêver de vampire représente la séduction et la luxure, ainsi que la crainte et la mort.

Le vampire que vous voyez en rêve : représente sans doute une personne que vous connaissez et qui vous charme, mais si c'est le cas, ce rêve vous met en garde contre sa nocivité, vous le savez peut-être déjà mais vous êtes quand-même attiré.

Les vampires en rêve représentent : parfois la sexualité.

Le rêve de vampire peut être aussi déclenché : par le fait que vous vous sentez affaibli ou "vidé" physiquement ou psychiquement si l'on peut dire.

Rêver que vous êtes un vampire révèle : que vous prenez l'énergie, la force des autres dans une démarche égocentrique.

Rêver de vélo

Rêver de vélo et se voir monter une montagne, indique : que le succès sera au rendez-vous.

Rêver que l'on dévale une pente à vélo signifie : qu'il faut prêter attention à son comportement sous peine de médisances.

Acheter un vélo en songe est un avertissement : il faut prendre soin de votre corps.

Voir un vélo cassé ou usé prédit : que vous allez rencontrer des obstacles sur votre route.

Rêver de tomber de vélo signale : que vos projets sont en suspens.

Rêver d'une course de vélo prédit : qu'une nouvelle est en route.

Rêver de vélo reflète : votre désir d'obtenir une stabilité dans votre existence.

Vous aurez bientôt besoin d'harmoniser votre travail et vos loisirs pour arriver à vos fins dans le projet dans lequel vous vous êtes lancé.

Si dans votre rêve vous peinez à faire du vélo cela signifie : que vous avez des craintes à propos d'une décision que vous devez prendre.

Voir un vélo dans votre rêve peut révéler : que vous avez besoin de vous détendre grâce à des loisirs relaxants.

Rêver de tandem annonce : une bonne entente dans le couple

Rêver de ver de terre

Rêver de ver de terre indique : un faible ennemi dont vous n'avez rien à craindre pour le présent.

Epargnez-le donc et cela s'ajoutera à vos économies de bonnes actions.

Rêver de ver de terre dénote : la bassesse d'une personne en qui vous aviez confiance.

Ecraser un ver de terre indique : le triomphe.

Rêver de verger

Rêver d'un verger et y voir des arbres avec des fruits, signifie : succès en amour pour les célibataires, et naissance pour les personnes mariées.

Rêver de verger et y ramasser des fruits, prédit : un bon succès.

Rêver de verger représente : vos possibilités de réussite, ce rêve symbolise aussi la fertilité.

Rêver de verger prédit : un héritage.

Voir un verger aride en songe, annonce : que vous pouvez vous attendre à une élévation sociale.

Se promener en songe dans un beau verger signifie : une vie amoureuse pleine de bonheur.

Cultiver un verger signale : une épreuve sur le plan sentimental.

Rêver de verrue

Rêver de verrue et en voir sur vos mains signifie : que vous découvrirez bientôt un secret.

Une verrue en rêve sur votre nez prédit : une grande honte, pour les sorcières c'est un signe de chance.

Votre inconduite vous mène à votre perte.

Vices cachés chez la femme qui les a.

Soigner ses verrues en songe indique : qu'on tentera de vous flouer.

Rêver de verrue révèle : qu'il est temps pour vous d'apprendre à visualiser votre beauté intérieure.

Ce rêve reflète que vous vous punissez vous-même, car les verrues de vos rêves montrent vos faiblesses.

Rêver que vos verrues disparaissent, signifie : que vous pourrez bientôt surmonter les obstacles qui barrent votre route vers le bonheur.

Voir des enfants avec des verrues prédit : que l'argent ne fait pas bon ménage avec la famille.

Rêver de vieillard

Rêver de voir des vieillards, cela annonce : des soucis qui ne seront pas anodins.

Une femme qui rêve qu'elle épouse un vieillard sénile : la met en garde contre un problème de santé.

Se voir en rêve devenir vieillard, si vous êtes jeune, est un signe : de respect et de considération qui vous viendra de bonne heure ; votre vie sera longue et comblée d'honneurs, juste récompense de vos efforts et de votre travail.

Voir des vieillards vous invite à écouter les sages conseils et : un excellent présage.

Voir en rêve un ou plusieurs vieillards : chance constante, intervention de la providence dans votre vie, honneurs multiples.

Se voir subitement transformé en vieillard annonce : les considérations et le respect.

Rêver de vieillard révèle : que vous avez besoin que quelque chose change dans votre existence, c'est peut-être aussi le signe que vous cherchez à vous débarrasser d'un fardeau ou d'un secret.

Il est possible aussi que ce rêve de vieillard vous oblige à composer avec un événement du passé, ou encore à l'accepter dans votre vie présente.

Rêver que vous êtes un vieillard est le signe : que vous prendrez les décisions les plus sages.

Chez certains rêveurs, ce rêve peut aussi signifier que celui-ci a un caractère conservateur et sectaire et qu'il a une sainte horreur du changement.

Le déclenchement du rêve de vieillard peut être provoqué par les préoccupations qui concernent la vieillesse et le cortège de problèmes que cela comporte.

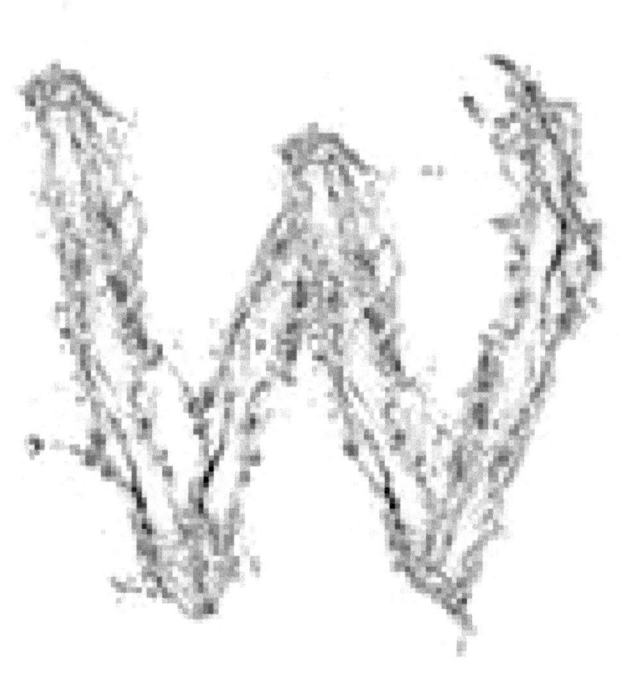

Rêver de wagon

Dans mon rêve j'étais dans un simple wagon de nuit avec deux couchettes aux couleurs vieux orange.

Le train tanguait doucement et le bruit des rails sur la ligne de chemin de fer me berçais doucement.

Une ampoule clignotait juste au-dessus de moi.

Je tenais mon billet de train fermement au creux de mon cœur.

Ce wagon lit m'emportait vers l'inconnue.

Rêver de wagon de voyageurs signifie : rencontre sans lendemain.

Rêver de wagon-restaurant indique : que vos projets réussiront.

Monter dans un wagon en marche : vous allez vers la réussite.

Voir un wagon arrêté annonce : des désagréments, des obstacles imprévus. Voir un wagon dérailler prédit des gros ennuis.

Voir un wagon en marche dans votre rêve signifie : que vous aurez une nouvelle d'une personne absente.

Rêver de wagon annonce : un voyage qui vous apportera beaucoup de bénéfices.

Rêver de wagon de marchandise prédit : que vous aurez ce que vous désirez.

Voir un wagon en songe annonce : des achats.

Rêver de western

Rêver de western et s'y trouver en songe prédit : que certains problèmes vous rattraperont.

Rêver de western prédit : des événements inopinés qui vous dérangeront.

Le désordre vous guette.

Rêver d'un film de western signifie : que vous avez besoin de décompresser.

Rêver de whisky

Rêver d'acheter du whisky : vous commettrez une faute pour laquelle vous devrez rendre des comptes.

Boire du whisky en grande quantité dans un rêve signifie : des obstacles vous empêcheront de réussir dans une entreprise.

Rêver de whisky prédit : des querelles entre amis.

Rêver que vous offrez du whisky à un inconnu annonce : une rupture dans une relation.

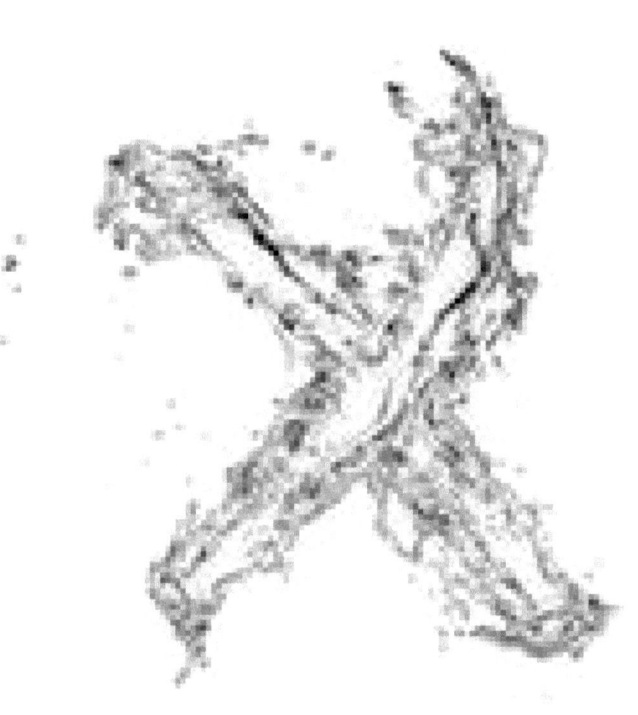

Rêver de xénophobie

Voir des personnes xénophobes en rêve signifie : que vous vivrez des moments difficiles pour cause de procès.

Rêver de xénophobie représente : des conflits familiaux en rapport avec ce qui vient de "l'étranger".

Rêver de xénophobie symbolise : souvent des discussions inutiles et improductives.

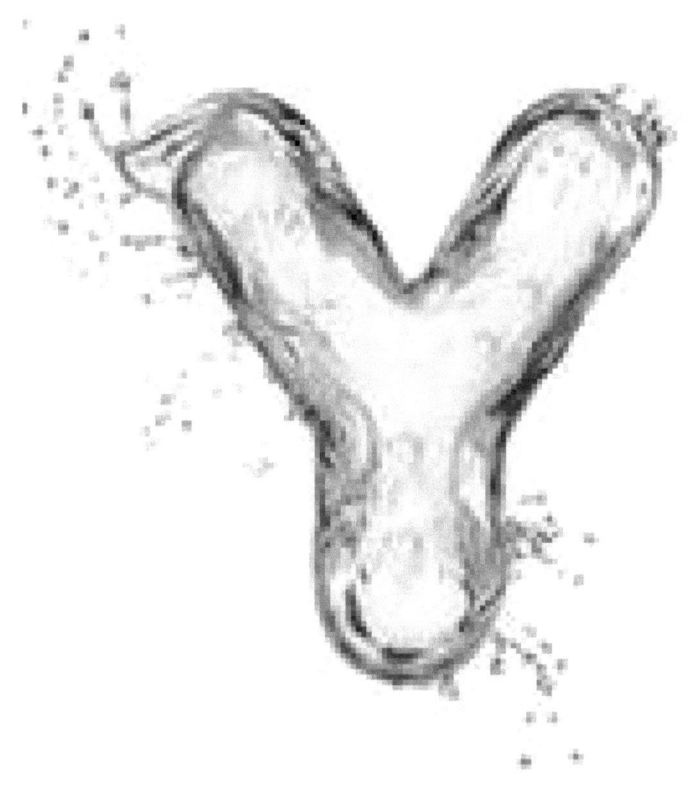

Rêver de yaourt

Rêver de faire du yaourt signifie : que vos proches reconnaitront vos talents.

Rêver de yaourt et en manger prédit : une période de douceurs et de plaisirs.

Rêver de manger du yaourt annonce : que vos problèmes actuels vont s'adoucir.

Rêver de yeux

Considérons la signification de la couleur des yeux :

Les yeux bleus nous annoncent l'amour heureux.

Rêver de yeux gris, des infidélités ou de la trahison.

Noirs, l'amour-passion ou passion violente.

Rêver d'avoir les yeux verts, la félonie, ou vaines espérances, désillusion.

Rêver de yeux rouges symbolise la passion c'est de bon augure, le rêve d'yeux rouges peut aussi représenter un excès de sentiment.

Perdre les deux yeux en songe, présage la fortune.

Rêver d'yeux bigles : fourberie, mensonge.

Rêver d'yeux borgnes : vous êtes menacé de perdre un parent.

Rêver de devenir aveugle prédit : que vous allez engloutir énormément d'argent dans une affaire qui n'aboutira pas.

Rêver d'yeux clos : froideur amoureuse.

Si vous êtes une femme et que vous rêvez d'un homme qui louche cela indique : que vous vous enrichirez aux dépens d'autrui.

Si vous êtes un homme et que vous rêvez d'une femme qui louche cela représente : votre versatilité.

Rêver du mauvais œil : heureuses opportunités.

Rêver que vous avez un œil de verre signale : que secrètement vous pensez que certaines personnes peuvent lire dans votre âme en regardant à travers cet œil de verre.

Vous avez peut-être aussi tendance à vous confier trop facilement ce qui vous fragilise.

Rêver de voir flou ou mal symbolise : votre incertitude, vos erreurs d'appréciations, face au choix que vous devez faire.

Les yeux en rêve sont le symbole de la lumière et du regard intérieur, ils peuvent aussi représenter la connexion entre le dehors et le subconscient. Donc rêver de ses yeux amène à penser que le rêveur laisse passer un événement ou une interrogation pour mieux analyser et comprendre.

Le rêveur peut avoir le sentiment que ses yeux regardent son intérieur ce qui montre qu'il se remet en question avec une grande perspicacité et qu'il trouvera les réponses qu'il cherche.

Si vous rêvez que les yeux d'une personne que vous connaissez vous sondent cela indique : qu'une affinité affective existe entre vous et cette même personne.

Rêver que vos yeux sont crevés ou fermés indique : votre négation de voir la vérité en face. Rêver que l'on ne peut ouvrir les yeux est similaire, mais correspondant néanmoins au refus de voir ou d'admettre l'existence d'une situation ou d'un événement, mais cela peut aussi représenter des sentiments douloureux.

Rêver que vous avez des yeux de couleurs différentes, annonce : que vous êtes à la recherche d'une nouvelle approche concernant une question qui vous tient à cœur, vous avez peut-être une vision des choses trop banale.

Rêver que vos yeux saignent représente : vos efforts, votre don de soi, ce rêve symbolise aussi vos douleurs et vos dissensions internes, ce rêve conseille d'extérioriser vos inquiétudes et angoisses.

Rêver de yoga

Rêver de faire du yoga signifie : la paix dans le ménage.

Voir un inconnu faire du yoga annonce : un changement dans vos habitudes.

Voir de nombreuses personnes faire du yoga en songe indique : que vos démarches aboutiront.

Rêver de yoga représente votre : recherche d'équilibre avec une autre personne.

Vous essayez peut-être de rencontrer la paix intérieure ou de trouver l'harmonie autour de vous.

Ce rêve peut révéler que vous vivez une période de stress ou de surcharge de travail.

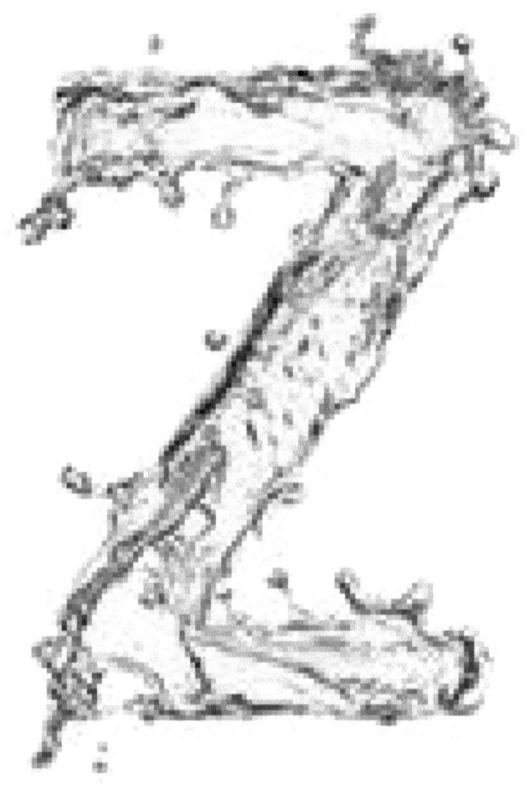

Rêver de zèbre

Voir un zèbre galopant dans un songe est un signe : d'ingratitude.

En voir un immobile signale : une instabilité.

Rêver d'un zèbre travesti en jeune fille annonce : la cruauté.

Ma grand-mère Nelly me disait à propos de ce rêve, Tu reconnaitras que tu as mal jugé certaines natures. Un étranger, par exemple, que tu auras pris pour un âne et qui ne sera moins que cela.

Rêver de zèbre représente : une variation dans vos projets.

Rêver de zèbre annonce : un amour pour deux personnes à l'insu de chacune d'elles, inconstance et légèreté.

Rêver d'un zèbre enragé ou très énervé, annonce : la fuite d'une personne aimée pour cause de caractère indomptable.

Voir un zèbre tout rayé est signe : d'inconstance ; plus encore s'il court, vous ne savez pas être fidèle à vos amours ni à vos amitiés ; ni même à vos projets, ce qui est désastreux pour vos intérêts moraux et matériels.

Un zèbre attelé à une voiture vous prédit : de fausses amitiés, de l'hypocrisie parmi les personnes que vous êtes appelé à fréquenter.

Rêver de zéro

Rêver de faire un zéro signifie : tâtonnement, incertitude et nonchalance.

Le zéro est un symbole de puissance ou de pouvoir futur.

Rêver d'écrire des zéros à la suite en rêve signifie : réussite dans vos affaires.

Rêver de zéro signifie : que vous ressentez un vide autour de vous et dans votre vie.

Rêver de zéro peut signifier : que vous tournez en rond.

Vous épuisez votre énergie dans des actions contre-productives.

Rêver de zéro signifie également :
que vous êtes en train de clore une étape de votre vie pour repartir sur de nouvelles bases.

Un zéro vu dans un rêve symbolise :
un nouveau départ, le néant, le vide, le manque, l'absolu.

Avant de chercher une signification à un rêve, il faut faire quelques distinctions entre les rêves.

Ainsi, rêver à de la nourriture alors que vous êtes en plein régime amaigrissant ne nécessite pas vraiment une recherche approfondie quant à sa signification.

Rêver de zeste

Rêver de zeste de fruits présage : un sentiment de tristesse, vous aurez une rancœur au sujet d'une malveillance d'autrui.

Rêver de zeste (de citron) annonce : une déception, su découragement face à une situation qui n'avance pas à votre goût.

Rêver de zinc

Utiliser du zinc indique : que vous recevrez l'appui d'une personne haut placée.

Voir du zinc brillant est un bon présage.

Voir du zinc de couleur mat ou noircie, signifie : des difficultés financières.

Rêver de zinc (comptoir) annonce : des querelles graves.

Voir une toiture en zinc signifie : que l'on vous trompera.

Rêver d'acheter du zinc annonce : une élévation de fortune.

Voir du zinc en lingot : succès financiers.

Voir du zinc en feuilles : placement sans rapport.

Rêver de zodiaque

La signification d'un rêve où apparait un signe du zodiaque dépend du signe.

Rêver de zodiaque est un très bon présage pour tout le monde et particulièrement pour gagner au loto.

Dans certains cas, la vue du zodiaque en rêve est funeste, il annonce la maladie.

Rêve qui peut annoncer de la fatigue d'esprit.

Le zodiaque c'est quoi ?

L'astrologie est un ensemble de traditions et de croyances, les planètes dans le système solaire ou des constellations, visibles dans le ciel dans certaines directions, à certaines dates ou à certaines heures, apporte des informations permettant d'analyser ou de prédire des événements humains, collectifs ou individuels.

L'usage populaire du terme astrologie renvoie généralement à L'horoscope, auxquelles cet article est consacré.

Ses versions populaires sont les horoscopes des revues ou les affinités des signes du zodiaque.

Si elles sont généralement considérées comme des échos lointains et déformés de l'astrologie historique, elles en restent la manifestation et l'expression la plus répandue.

L'horoscope, ou thème astral, est la base de toute astrologie.

Il décrit la configuration du ciel au moment de la naissance d'un individu.

Cette configuration est déterminée par les positions mutuelles de deux sortes d'astres :

D'abord les astres dits fixes, c'est-à-dire les étoiles, ensuite les astres dont le mouvement est facilement observable sur la voûte céleste, comme le Soleil, la Lune ou encore les planètes.

Le Zodiaque est cette part de la voûte céleste sur laquelle on peut voir se déplacer le Soleil et les planètes, à l'exception de Pluton.

C'est une bande s'étendant à 8°30' de part et d'autre du plan de l'écliptique, c'est-à-dire du plan de la trajectoire apparente décrite par le Soleil au cours d'une année voire schéma ci-contre.

Cette bande zodiacale est divisée en douze zones, chaque zone étant identifiée par une constellation et subdivisée elle-même en trois « décans ».

Au moment de la naissance d'un individu, le Soleil, en se levant dans l'une des douze zones, définit le signe zodiacal de l'individu.

« **L'ascendant** » dépend de l'heure exacte de la naissance :

C'est le signe zodiacal contenant le point ascendant de l'écliptique, c'est-à-dire celui qui se lève à l'instant de la naissance.

En plus de la position du Soleil, un horoscope doit comporter la position de la Lune et des huit planètes par rapport au Zodiaque.

Les positions par rapport aux « maisons » interviennent également.

Les maisons découpent la sphère céleste en douze fuseaux de dimension angulaire inégale, selon des grands cercles passant par le pôle Nord.

Ce système de repères pose cependant un problème :

Pour les gens nés au nord du cercle polaire, les planètes restent sous l'horizon plusieurs mois.

Les gens nés pendant cette période se retrouvent donc sans thème astral !

L'horoscope, en lui-même, est de nature purement descriptive.

Il faut alors le distinguer clairement du commentaire et de l'interprétation qui l'accompagnent systématiquement en astrologie.

Cette interprétation relève d'une part de la typologie psychologique lorsque les positions du Soleil et des planètes données par l'horoscope sont considérées comme déterminantes pour la personnalité d'un individu.

Elle relève, d'autre part, de la prédiction :

Le cours des astres est alors tenu pour déterminant dans la destinée d'un individu.

Tirée du livre « Les secrets de l'alchimie Initiation à l'ésotérisme à travers le tarot de Marseille et la numérologie.

Par Karine Poyet ».

Rêver de zombie

Voir une personne que vous connaissez prendre l'image d'un zombie annonce : que vos sentiments pour elle sont "morts", votre affection a disparue.

Rêver de zombie représente souvent : vos peurs et vos émotions cachées.

Rêver de zombie peut avoir une signification similaire : au rêve de fantôme ou autres monstres, mais une différence existe.

Le zombie, dans un rêve, peut révéler : que vous vivez une période d'indifférence et d'insensibilité vis à vis des personnes et des événements qui vous entourent.

Peut-être avez-vous la sensation d'être déconnecté du monde.

Rêver de zombie peut également indiquer : que pour vous "tout est mort", et qu'éventuellement votre façon de vivre est devenue un automatisme.

Rêver d'être poursuivi par des zombies signifie : parfois que vous subissez des contraintes opposées à votre morale ou à votre caractère à laquelle vous ne pouvez échapper.

Pour finir

Bonjour et merci de me suivre à travers mon ouvrage peut-être connaissait vous aussi mon travail sur mes sites et sur les différents blogs et site web de mes partenaires.

Au début j'ai voulu faire un ouvrage qui se voulez simple et concis sur les rêves avec :

« La symbolique des rêves en songe ».

Pour tous vous dire ça n'a pas été simple du tout !

Je ne pouvais pas mètre tout ce que on voie dans les rêve avec des explication compliquer.

J'ai donc donne les rêves principaux les plus importent par ordre alphabétique.

Il ne me reste plus que à vous remercier La symbolique des rêves en songe Tome 6 et le dernier de cette série.

J'ai aussi créé une autre version de cet ouvrage, la même m'est en noir et blanc pour la faire moins chère :

Interprétations des rêves en songes volume 1 : NOIR ET BLAN

Car mon imprimer Bod demander plus chère pour la couleur.

Il y a aussi des vendeurs qui commence à vendre mon tome 1 et 2 à trois fois leur prix, **si vous désirée les obtenir à prix bat** vous pouvez trouver le tome 1 papier sur mon site :

Poyet Karine

Pour le tomme 2 vous pouvez le commander sur mon site aussi le délai d'attente et plus long pour ce dernier, car je dois le faire réimprimée, pour que vous l'obtenait à bas prix.

J'ai aussi créé d'autre ouvrage :

LIRE LE MARC DE CAFÈ LA CAFÈDOMANCIE

Europa sont propriétaire Lampert Alexandre

Pluton sont propriétaire (Pluto)

Vous pouvez me trouvez sous le nom de Karine Poyet un inversement du au revendeur de livre.

Je pense avoir fait le tour pour finir une liste de quelque site que j'ai construit.

Alex.Conseil

Association Pierre Horn